MATRAH.

LE SULTANAT DE L'OMAN

I

M. DENIS DE RIVOYRE.

L'Oman (1), dont Mascate est la capitale depuis le commencement de ce siècle, est un des trois sultanats de l'Arabie indépendante (2). Situé tout

(1) Oman ou Aman, « royaume de la Félicité ». (E. Reclus). Peut-être y a-t-il (c'est l'opinion de quelques linguistes), un rapprochement à faire entre le mot *Oman* et la mystérieuse syllabe *om*, qui, dans le culte brahmanique de l'Inde, est employée au début des offrandes ou de la lecture des Védas pour invoquer la divinité suprême et appeler sur soi sa protection. Ce terme mystique se trouve au commencement des livres sacrés de l'Orient, et les bouddhistes s'en servent également comme du vocable le plus agréable au bouddha. (C. S.)

(2) L'Arabie, constituée surtout par des déserts, reconnaît trois dominations principales : l'iman de Mascate; le cheik des Ouahabites, qui réside à Riad et a la souveraineté du plateau intérieur du Nedjed; le sultan de Constantinople, qui exerce un pouvoir plus ou moins réel sur le Hedjaz, la Mecque, l'El-Hasa, et purement nominal sur l'Hadramaout, le Yemen et l'Asyr, où les tribus reconnaissent des cheiks indépendants. Dans l'intérieur de l'Arabie, enfin, les Bédouins nomades, rassemblés en tribus, sont affranchis de toute tutelle. La population totale de

entier sur le golfe du même nom, il formait encore en 1863, avant que Palgrave (1) le visitât, une monarchie étendue dont le territoire comprenait l'île Bahreïn, la côte du Mékran et plusieurs points de la côte persane, la grande île de Socotora, les îles Khouria-Mouria, l'île Zanzibar et les parties avoisinantes de la côte d'Afrique (Zanguebar). Depuis une douzaine d'années cette situation s'est considérablement amoindrie par les conquêtes turques et anglaises, et il ne reste plus à l'iman de Mascate, souverain plutôt nominal, que quelques provinces reliées au pouvoir central par des liens assez lâches, pendant que lui-même n'est, au vrai, qu'un vassal de l'Angleterre, dont le subside le tient enchaîné encore plus étroitement que ne l'est l'émir de l'Afghanistan (2). Beaucoup de cartes anglaises marquent déjà cette côte comme britannique.

Ce pays d'Oman, visité au milieu du quatorzième siècle par le célèbre voyageur arabe Ibn-Batoûta (3), ne figure pour la première fois dans l'histoire des relations européennes en Asie qu'à l'époque où le conquérant portugais Affonso de Albuquerque, poursuivant l'œuvre de Tristan da Cunha et courant, dans ce dessein, le long de la côte d'Arabie, obligea le sultan d'Ormuz, après un combat naval heureux, à se reconnaître tributaire du roi de Portugal et à laisser bâtir une forteresse portugaise à Mascate (1507). Ces travaux de défense n'empêchèrent pas, il est vrai, Châh-Abbas de s'emparer, en 1623, de l'Ormuz, mais le tinrent en échec devant la petite ville devenue une position maritime importante. Les successeurs d'Albuquerque ne s'y maintinrent que jusqu'en 1658, et furent refoulés par le torrent arabe. On ne sait toutefois pas d'une manière bien exacte comment les événements se passèrent (4), à cause de l'absence complète de documents écrits sur toute cette période et sur celle qui la suivit jusqu'au milieu du dix-huitième siècle. La raison principale en est que cette partie de l'Arabie, appelée indépendante, ne fut jamais réellement soumise, avant 1749, à une autorité unique, forte, vraiment puissante. L'iman ou imam (maître de la prière) — c'était le titre du chef suprême de l'Oman — n'était, en dehors de sa souveraineté religieuse, que le suzerain d'une féodalité héréditaire morcelant le pays en petites autonomies ayant chacune son existence propre, ses prérogatives, et ne se groupant autour du sultan que pour sa défense commune, sans lui laisser d'autre rôle prépondérant que celui de marcher à la tête de l'armée, composée des contingents respectifs, et sans lui permettre

l'Arabie est d'environ trois millions et demi d'habitants, répartis sur deux millions et demi de kilomètres carrés. (C. S.)

(1) Palgrave est encore aujourd'hui l'autorité la plus citée sur la géographie de l'Oman, et c'est sur ses données que s'appuie Reclus, bien qu'elles remontent à plus de quarante ans. William Gifford-Palgrave, né à Westminster le 24 janvier 1826, fit de brillantes études à Trinity-College (Oxford). Entré au service militaire de l'Inde, il entreprit en 1853 son grand voyage en Arabie, en partant de Damas pour se diriger par Gaza, Djuf, Hâil, Riad (capitale des Ouahabites), vers le golfe Persique et de là aux îles Bahreïn, à Mascate, puis, en remontant le Tigre, jusqu'à Bagdad. (C. S.)

(2) Voir *Bibliothèque illustrée des voyages autour du monde*, nº 12, et notre ouvrage : Charles Simond, *l'Afghanistan*. (Lecène et Oudin.)

(3) Il vécut de 1304 à 1378 et parcourut le nord de l'Afrique et une grande partie de l'Asie. Une traduction française de sa relation de voyages a été publiée par Defrémery et Sanguinette. (Paris, 1853-1859, 5 vol in-8º.)

(4) Suivant certains historiens, les habitants de Mascate auraient chassé les Portugais à cause de leurs exactions, et l'iman, qui devint l'administrateur de la région, aurait secoué le joug d'Ormuz. (C. S.)

d'exercer la justice. L'avènement d'Ahmed-ben-Saïd au trône d'Oman ouvrit une ère nouvelle, toute de calme et de prospérité, après les guerres civiles séculaires.

Ben-Saïd étendit les limites de l'Oman, d'un côté, dans le golfe Persique, jusqu'au pays d'El-Hasa (Haça) et à Bahreïn, où sont les grandes pêcheries de perles, d'autre part, sur la côte occidentale de l'Arabie, jusqu'au Dhafar, où se trouvent les montagnes de l'Yemen. Sa gloire, très populaire, ne fut égalée et même surpassée que par celle de son petit-fils Seid-Saïd, qui pendant cinquante ans, de 1806 à 1856, grâce à sa flotte construite sur les modèles européens et armée de canons (1), put réaliser presque entièrement son vaste projet d'étendre son empire sur tout le golfe Persique. Ses succès firent oublier qu'il devait la couronne au crime (2). Son royaume devint le plus florissant de toute l'Arabie, et il en accrut la prospérité en lui donnant de solides institutions politiques et commerciales. Mais il commit la faute de beaucoup de conquérants en partageant, à son lit de mort, ses États entre ses fils, faiblesse paternelle qui ne pouvait manquer d'être fatale à ceux qu'il croyait ainsi avantager d'une manière égale. Le faisceau de sa puissance, une fois désuni, fut bientôt brisé par les hostilités et les convoitises étrangères, que secondèrent les ambitions intérieures. L'Oman ne tarda point à déchoir de son rang. En 1863, le pouvoir du sultan n'était déjà plus qu'illusoire. Il avait été obligé, pour faire face à ses dépenses budgétaires, de vendre sa flotte, et il ne lui restait plus qu'un petit nombre de chaloupes armées. Il perdit tour à tour le Zanzibar (3), qui se déclara indépendant en 1861, l'île Bahreïn, qui lui fut enlevée par les Turcs (4), Socotora, qui, cédé d'abord au sultan de Kéchin, passa ensuite en 1886 aux Anglais (5), devenus maîtres aussi des îles de Khouria-Mouria, et attendent l'occasion de se saisir de Mascate (6).

II

On a surnommé Mascate la Babylone orientale. La comparaison, évidemment inexacte et outrée, si l'on ne songe qu'à la superficie de la ville,

(1) Il avait réuni jusqu'à trente frégates, bien équipées et armées.

(2) Il avait fait assassiner son frère, qui avait droit au trône avant lui.

(3) Le sultanat de Zanzibar, qui fera l'objet d'un fascicule spécial dans notre collection, a pris une importance égale à celle qu'avait l'Oman sous Seid-Saïd, avec cette différence toutefois que, depuis 1890, il est sous le protectorat de l'Angleterre. Or, on sait qu'en règle générale les protectorats sont les avant-coureurs des annexions. Son sultan actuel, Hamoud-ben-Mouhamed, qui a quarante-cinq ans, est le petit-fils de Seid-Saïd de Mascate.

(4) Les Turcs ont occupé le pays d'El-Hasa, en 1871, sur le golfe Persique, mais ils y sont si peu puissants que les Anglais ont pu, en 1895, bombarder et occuper l'île de Bahreïn, en face, sans que le sultan voisin, vassal de la Porte, ait réclamé sérieusement. En 1896, les Anglais ont placé sous leur protectorat le territoire de Zibara (Katar). (C. S.)

(5) Socotora avait déjà été vendue aux Anglais par l'iman en 1835.

(6) Les Anglais enserrent en somme l'Arabie de tous côtés, par Bahreïn et Katar, sur la côte est; par les îles Kouria-Mouria, Socotara et Abd-el-Kouri, au sud; par Aden, où ils sont depuis 1839, et par l'îlot de Perim, qu'ils tiennent depuis 1857, dans le détroit du Bab-el-Mandeb au sud-ouest; enfin, par les îles Farsan et Kamaran qu'ils possèdent dans la mer Rouge. Consulter sur ces questions les études de M. Paul Barré sur *la Pénétration européenne en Asie* (*Revue de géographie*, 1896-1897.) (C. S.)

à sa population (30,000 habitants) (1) et à ses monuments sans intérêt, pourrait cependant être admise, en ne l'appliquant qu'à la diversité des éléments de la population, Banians, Arabes, Persans, Juifs, Hindous, Baloutches, Abyssins, Somalis, et au développement rapide de la civilisation dans ce milieu. Il est vrai d'ajouter que ce développement est dû pour la plus grande partie à la situation de la ville, dont Ben-Saïd et Seid-Saïd surent tirer un si merveilleux parti. Mascate est, en effet, depuis longtemps l'entrepôt du commerce de la Perse, de l'Arabie et de l'Inde, ainsi que des îles Maurice, de la Réunion et de toute la côte orientale de l'Afrique. Il s'y fait un mouvement d'échanges très considérable, surtout pour l'exportation. A deux kilomètres à l'ouest de Mascate, le petit port de Matrah ou Khalbon (10,000 habitants), qui en est séparé par un promontoire élevé, difficile à gravir, est l'annexe arabe du havre international.

III

On possède très peu de documents sur l'Oman et sur Mascate. Depuis le comte de Gobineau, qui a consacré à cette ville quelques pages qu'il est encore utile de relire (3), et depuis Palgrave, dont nous n'avons qu'une traduction partielle en français (4), il n'y a, sauf *Quelques Mots sur l'Oman,* de M. A. Germain (5), comme volume à mentionner en notre langue, à cet égard, que celui de M. Denis de Rivoyre, dont on lira des fragments plus loin. Cette relation a deux mérites que l'on appréciera : faite *de visu*, elle peut être acceptée comme absolument authentique; écrite par un observateur doublé d'un écrivain qui, ayant beaucoup voyagé, peut juger par comparaison, elle offre au lecteur un attrait captivant, elle attache et instruit : elle attache sans aucun procédé de fiction, elle instruit sans aucun mélange d'erreur. Deux qualités que l'on n'est pas accoutumé de rencontrer dans un même ouvrage (6).

Charles SIMOND.

(1) La population totale de la région de Mascate est de 100,000 habitants. L'Oman comprend, en outre, les régions ou tribus suivantes : Katar (100,000 habitants), Chardjah (80,000), Rous-el-Djebel-Kalhat (25,000), Dahirah (30,000), Batnah (65,000), Djebel-Akhdar (400,000), Sour (70,000), Adjailan (90,000) et la côte méridionale (10,000). Beaucoup de ces tribus vivent à l'état nomade.

(2) Mascate est l'une des villes les plus chaudes du monde. A certaines époques de l'année, le soleil torride y darde d'aplomb.

(3) Le comte A. DE GOBINEAU, *Trois ans en Asie* (de 1855 à 1858). (Hachette.)

(4) G PALGRAVE. *Journey through Central and Eastern Arabia* (1863). Le t. II de l'ouvrage anglais a paru en français sous le titre de *Une année de voyage dans l'Arabie centrale*, trad. par Em. JONVEAUX.

(5) Dans le *Bulletin de la Société de géographie de Paris*, octobre 1868, p. 339-364.

(6) A consulter également COLE, *Journey to Mascat* (1849), dans les *Proceedings*, de la Société de géographie de Bombay ; BADGER, *History of the imam and Seyyids of Oman* (1871), et C. ROSE, *Annals of Oman*, dans le *Journal de la Société asiatique du Bengale* (1874).

SAMBOUCK ARABE.

MASCATE (1)

I

Mascate est la capitale d'un État d'une certaine étendue, le royaume d'Oman. Les Portugais s'y établirent avec Vasco de Gama et le possédèrent jusqu'en 1648. A cette époque, un soulèvement des indigènes les en chassa. Mais les vestiges de leur domination y subsistent encore, et les fortifications qui défendent l'entrée de la rade leur sont dues.

Pour le navigateur qui, de la pleine mer, aborde ce mouillage, le coup d'œil est saisissant : une ceinture de hautes montagnes brûlées du soleil, s'arrondissant comme une vaste arène dont la mer ferme l'entrée et dont, en face, la ville occupe le fond. La vague en baigne le pied; l'azur du ciel se confond avec leurs festons de pierre; et à droite et à gauche, plusieurs forts, aujourd'hui aux trois quarts démantelés, s'étagent à leurs flancs. Les navires mouillent à quelques encablures à peine des maisons de la

(1) Les pages qui suivent sont empruntées, avec l'autorisation de l'auteur, à l'ouvrage intitulé *Obock, Mascate, Bouchire, Bassorah*, par Denis DE RIVOYRE. (Plon, Nourrit et Cie.)

ville. Dans le nombre, quelques-unes, tout de suite, attirent le regard. C'est la douane, un vieux bâtiment dont l'origine remonte certainement à l'époque de l'occupation portugaise; puis le divan, le consulat d'Angleterre, et enfin le palais du souverain, qu'en France nous appelons « l'Iman de Mascate » (1).

Ici, on le nomme le Sultan. Un joli moucharabieh (2) et des volets toujours fermés, d'un vert tendre, au ton doux, tranchent sur la blancheur éclatante de l'édifice. Une espèce de belvédère assez élégant surmonte la terrasse, qui, comme toujours en Orient, en remplace le toit, et le flot bat l'escalier, dont les marches de pierre, à marée basse, descendent sur la plage. Au-dessus, tout en haut, ondoient les plis écarlates de l'étendard royal; et devant, à une dizaine de brasses, se balancent sur leurs ancres deux chaloupes à vapeur; c'est la flotte de guerre.

Le port présente un aspect animé. Deux vapeurs anglais, dont un aviso de la marine royale, le *Woodlark*, et un coquet clipper américain, sont là. Puis, une quantité de bateaux indigènes de toutes dimensions. Nous mouillons entre les deux premiers. La manœuvre n'est pas terminée que notre pont est déjà envahi d'un tas de moricauds qui, en anglais et en arabe, nous font leurs offres de service. Un d'eux, cependant, estropie quelques mots de français et paraît assez bien le comprendre. Des pêcheurs nous apportent leur marchandise. Dans l'état de dénuement où nous nous trouvions, c'était le salut. Nous ne savions plus modérer nos désirs, nous achetions à tous; aussi, à déjeuner, poisson bouilli, poisson frit, poisson en bouillabaisse, poisson à toutes les sauces!

(1) A cette description de Mascate on peut comparer celle qui nous a été laissée par Eyriès et Alfred Jacobs, dans leur intéressant *Voyage en Asie et en Afrique* (Paris, Furne et Cie). « Cette ville (Mascate) est bâtie au milieu d'une plaine fertile entourée de rochers escarpés; elle forme comme une oasis au milieu des brûlantes solitudes qui l'environnent. Vue de la rade, elle présente un spectacle bizarre, sombre et imposant à la fois, avec ses murailles crénelées comme au moyen âge, et la multitude de ponts et de tours en ruine placés au sommet de montagnes rocheuses sur les flancs noirâtres desquelles n'apparaît aucune trace de verdure. Un îlot ferme la rade vers le nord, et c'est en cet endroit que sont mouillés, à petite distance du rivage, un nombre considérable de caboteurs indigènes de tout aspect et de toute grandeur. Le mouvement du port est concentré sur ce point, et il y est d'autant plus important que, la moindre brise du large un peu fraîche faisant lever dans la baie une houle assez forte pour gêner les communications des navires avec la terre, les canots et les barques employés au transport des marchandises abordent à un petit enfoncement abrité de la mer par une chaîne de rochers. On cherche en vain les quais, quelques jetées ou seulement un débarcadère; rien de semblable n'existe à Mascate; en sorte que, lorsque le temps est mauvais, ce qui arrive souvent pendant l'hivernage, les communications entre la rade et la ville deviennent presque impossibles, à cause du manque d'abri pour les embarcadères. »

(2) On appelle *moucharabieh*, dans l'art arabe, une fenêtre saillante qui a de l'analogie avec le *bow-window* des Anglais et l'*erker* des Allemands. Le vrai moucharabieh n'est ni vitré ni ouvert; il est fermé de panneaux fixes à jour et si petits, que rien de l'intérieur ne peut être vu du dehors et que, pour voir le dehors du dedans, il faut appliquer sa figure contre le panneau ou réseau de clôture. (C. S.)

Accompagné d'un des ciceroni venus à notre rencontre, mon interprète se rend à terre. Il faut qu'il aille en reconnaissance et surtout qu'il avise aux moyens de nous ravitailler. Du navire, on distingue la foule qui s'agite sur le quai, un petit espace vide, carré, en forme de jetée, ménagé entre les maisons, et où abordent des embarcations à marée haute. Nous l'y voyons débarquer. Une heure après, il est de retour, et, pour la première fois peut-être, il n'a pas trop mal travaillé. Un portefaix monte derrière lui chargé de deux gros sacs. Ce sont des fruits !... Quel spectacle !... Des fruits après le régime que nous suivions depuis Port-Saïd ! Il faut y avoir passé pour apprécier à sa juste valeur l'éloquence de ce mot. Il y avait de tout : melons, pastèques, raisins, bananes, mangues, limons !... Les sacs s'entr'ouvrent, et tout cela roule à nos pieds comme dans un rêve. C'était du mirage. Je ne marchandai pas mes compliments. Chacun était dans l'enthousiasme. Mais ce n'était pas au zèle seul de mon messager que nous devions cette abondance. Le plus gros des deux sacs était un hommage que m'adressait « un prince », disait-il, avec lequel il était parvenu à se mettre aussitôt en rapport, et qui allait lui-même venir me saluer.

En effet, dans l'après-midi, une barque élégante accostait le *Séverin*, et il en sortait un grand jeune homme, d'un beau noir assez clair, au torse nu, le reste du corps enveloppé de mousseline et de soie. Sur la tête, un turban rouge; aux oreilles, aux mains, aux pieds, de riches bijoux, de superbes anneaux. Il avait une physionomie douce et fine, un regard intelligent, et s'exprimait dans un anglais assez correct; en m'abordant, la plus exquise politesse, sans embarras ni servilité. Seulement, ce n'était point un prince, comme l'avait spontanément, suivant son habitude, sans le savoir et sans s'en informer, qualifié mon interprète. C'était un de ces opulents négociants de l'Inde, un de ces Banians(1) qui peuplent tous les ports de ces parages et en concentrent le commerce entre leurs mains. Celui-là se nommait Rustanjee, et était en outre l'adjudicataire principal de la douane. Il jouissait de la confiance particulière du Sultan, dont il avait, je soupçonne, à se faire, par-ci, par-là, le banquier. Cette situation lui donnait ses grandes entrées auprès de Son Altesse, et à ce titre il venait se mettre à ma disposition dans le cas où je tiendrais à être reçu par Elle.

Bien entendu, j'acceptai la proposition avec empressement. Mais le Sultan n'était pas, pour le moment, à Mascate. Il l'avait quitté, le matin même, pour aller à l'une de ses résidences favorites, à Matrah, petite ville assise également sur le bord de la mer, dans

(1) On désigne généralement sous le nom de *Banians* les commerçants indiens exerçant en dehors de leur patrie, mais les vrais Banians sont les membres d'une secte religieuse de la caste brahmanique des Vaicyas, répandue dans le Goudjerât. Ce sont les « juifs » de l'Inde, car ils ont de grandes aptitudes commerciales. (C. S.)

une anse voisine. Le trajet en était, du reste, très court, et mon introducteur, en me quittant, devait s'y rendre directement pour transmettre mon désir à son maître. Le soir même il m'apporterait la réponse.

TYPE ARABE DE MASCATE.

Ce rendez-vous convenu, je fus, à mon tour, à terre. Il est si bon, après quelques jours de navigation où l'on a été sans cesse ballotté, secoué par la lame, de sentir enfin sous soi un plancher plus solide, et de marcher sur quelque chose qui ne remue pas! Je m'étais fait suivre de l'homme qui baragouinait le français. Il était, à ce qu'il daigna m'apprendre, le propre drogman du Sultan.

Toutes les langues lui étaient familières, et toutes, je dois le dire, il les pratiquait avec la même indépendance, les sabrant et les entremêlant de façon à produire la plus étrange cacophonie. Lui seul, me raconta-t-il, savait le français à Mascate. Autrefois, il y en avait bien un autre, auquel même notre gouvernement confia les fonctions d'agent consulaire; mais il était mort. Enfin, il s'appelait Suleyman.

Donc, escorté de Suleyman, je commence, dans Mascate, mon voyage de découvertes. Le pittoresque y abonde sous toutes ses faces. Sur le quai, entassement de marchandises de l'Inde, de la Perse, de l'Arabie, que les robustes épaules des coolies transportent aux boutiques du bazar, après l'inspection préalable des employés de la douane. Ce bâtiment lui-même, aux arcades élevées, est curieux à voir, du dehors tout au moins; car, à l'intérieur, rien que des salles nues et sans caractère, si ce n'est au premier,

VUE DE LA PETITE BAIE DE DÉBARQUEMENT.

où toute la façade est occupée par une seule et immense pièce. Une petite terrasse à laquelle conduit un escalier raide et dur précède l'entrée de celle-ci. L'architecture de l'ensemble est d'un aspect puissant et sévère à côté des constructions indigènes proprement dites. Au-dessus de la porte principale se lit, à la suite d'une inscription en langue portugaise, la date de 1640.

A droite et à gauche de la place aboutissent les ruelles encombrées du bazar, — du bazar des Banians, je veux dire, — où se traitent journellement des affaires pour des sommes considérables. Accroupis sur le devant ou au fond de leurs échoppes, toujours le torse nu, comme Rustanjee, et les oreilles chargées de bijoux, on les voit, à chaque heure du jour, compter leurs thalaris (1), établir leurs calculs, expédier ou recevoir leurs marchandises. Merveilleuse activité que celle de cette caste indienne, dont le caractère facile, les mœurs douces, la font accueillir avec bienveillance dans toutes ces villes musulmanes où elle apporte à la fois la vie et la prospérité. Tous ont l'air d'avoir été jetés dans un moule unique; même physionomie, mêmes traits, même maintien. Je les confondais sans cesse les uns et les autres. Des fruits, du riz, et des sucreries qu'ils confectionnent eux-mêmes, voilà leur ordinaire. De la viande, jamais. Le lait même leur est interdit. L'eau qu'ils boivent ne peut être puisée que de leurs mains. Et quelles dents blanches! quel regard limpide! Est-ce à ce régime qu'ils les doivent?

En poursuivant ma route avec Suleyman, je longeais, dans des rues étroites, de hautes maisons dont quelques-unes, ailleurs, sur un espace plus dégagé, n'eussent point manqué de cachet ni de grandeur. Presque toutes sur le même modèle : un vestibule, puis une première cour carrée avec galerie; au premier, et autour, les appartements d'habitation. Les portes d'entrée faisaient mon admiration; des serrures à plonger en extase un antiquaire, et des chambranles à festons extravagants, tels que n'en a jamais, chez nous, rêvé un architecte.

Dans le vestibule du palais royal, où je jetai un coup d'œil, à gauche, une énorme cage de fer aux solides barreaux. Là repose un magnifique lion capturé depuis peu. Plus loin, sur une place découverte et poudreuse, des chevaux au piquet et des tas d'herbe fraîche devant eux. Ce sont les écuries royales. Les bêtes sont jolies; l'origine du Nedjed (2) se trahit dans leurs moindres muscles; mais elles sont, en général, petites et mal soignées. Un des côtés de cette place est occupé par un massif édifice, percé de fenêtres étroites et surmonté de créneaux qui s'effondrent. C'est le palais d'un parent du Sultan; ce fut celui du gouverneur, à l'époque des Portugais.

Au bout d'un dédale de ruelles du même genre et d'un entasse-

(1) On écrit aussi talaris. C'est le thaler de Marie-Thérèse, encore aujourd'hui en usage dans une grande partie de l'Orient et sur la côte orientale d'Afrique.

(2) Le Nedjed est la région centrale de l'Arabie, habitée par les Ouahabites. (C. S.)

ment d'habitations plus ou moins croulantes, j'arrive au bazar indigène; c'est le quartier de l'animation et de la puanteur. Il est vrai, là, plus de grands monuments, rien que des masures de chaume ou de plâtras. La foule la plus bigarrée encombre les rues, et les odeurs les plus diverses empestent l'atmosphère. Ici, l'étal d'un boucher où la chaleur corrompt déjà la chair des moutons fraîchement égorgés; ailleurs, des poissons le ventre ouvert; puis des dattes, des fruits, des sucreries, tout cela au milieu d'essaims sans cesse voletants de grosses mouches hargneuses et voraces. Le Bédouin du désert, le Persan du golfe, les pêcheurs du littoral, les marchands de partout se coudoient, s'observent, s'interpellent.

Çà et là, des femmes, enveloppées de leurs vêtements flottants comme d'un suaire, se glissent silencieusement. Chez toutes, la cloison du nez est traversée d'un anneau où s'enchâsse une turquoise volumineuse. Elles portent sur la figure un objet tel, que moi, qui ai un peu exploré le monde musulman dans toutes les régions qu'il occupe, du Maroc à Constantinople et de l'Égypte aux Indes, je n'en ai rencontré nulle part. A la place du voile plus ou moins épais, variant avec les latitudes et le degré de civilisation, qui doit dérober au profane la vue charmante des houris de l'Islam, c'est comme qui dirait une espèce de loup analogue à celui de nos bals masqués, dont les parties pleines ont disparu. Il n'en reste qu'une bande étroite sur le nez et une bordure carrée qui encadre les joues. Chez les riches, cette bordure est ornée de galons d'or : chez les pauvres, elle est simplement noire. Mais, chez toutes, cette disposition permet facilement de distinguer l'ensemble et les traits du visage. A Mascate, je dois l'avouer, la curiosité n'y gagne pas, et les femmes m'y ont paru fort laides.

II

A huit heures, notre chaloupe à vapeur me transportait à Matrah (1), avec une partie de mon personnel. Il m'avait été dit que le Sultan serait sensible à tout ce qui ressemblerait au déploiement d'un certain apparat. En conséquence, nous étions en tenue, et le pavillon national flottait à l'arrière.

A peine avons-nous doublé la pointe gauche des rochers de la rade, que Matrah se déroule à nos yeux au fond d'une seconde baie entourée de montagnes, comme celle de Mascate. Elle est plus profonde et mieux garnie de verdure. Moins vaste, bien que sur le même modèle que sa résidence officielle, la demeure du Sultan se

(1) Matrah ou Khalbon, qui renferme 10.000 habitants au moins, est un port sûr et peu profond; c'est l'entrepôt des denrées, des manufactures d'armes et des tapis indigènes. (C. S.)

distingue sur la plage. Celles des indigènes l'environnent en grand nombre; mais la physionomie en est moins riante, et elles paraissent plus pauvres qu'à Mascate; les maisons en pierre sont rares; celles en chaume y dominent et s'étendent au loin.

Nous apercevons la foule qui se presse et qui accourt. Toujours la même! Foule bariolée où toutes les nuances de la peau se confondent avec toutes les couleurs du costume. Là, le nègre en haillons, esclave d'ordinaire, figure plate, sans expression; à côté, le citadin arabe, en vêtements blancs, au regard intelligent et fier; plus loin, le Bédouin du désert, drapé dans son burnous grossier en poil de chameau, aux traits durs, farouches; puis le négociant indien, le Banian, torse nu, peau bronzée, tournure élégante, les oreilles chargées de bijoux; puis, enfin, le gros de la tourbe de toute provenance, de tout caractère, de toute toilette, grouillant, se bousculant sur notre passage.

Des serviteurs m'aident à sauter sur le sable et me précèdent vers la maison. Un petit vestibule y donne accès. Je le franchis entre une double haie de soldats, et je pénètre dans une cour carrée. Au milieu, entouré de ses guerriers et de personnages à l'attitude grave, se tenait le Sultan. Il s'avança vers moi et me serra la main sans mot dire; puis, après en avoir fait autant à chacun de mes compagnons, il m'indiqua du geste un escalier analogue à ceux des beffrois de nos vieux châteaux, qui conduisait à une terrasse.

Je montai. En haut, des esclaves vêtus de blanc nous introduisirent dans une première pièce dont le sol était couvert de nattes de palmes, puis dans une seconde, où des sièges européens avaient été disposés à notre usage. Le Sultan me désigna un fauteuil; des chaises furent montrées à ces messieurs; lui-même prit place en face de moi, les grands de sa cour debout derrière lui; et, en arabe plus ou moins tronqué, la conversation commença. Suleyman et Rustanjee venaient, de-ci de-là, à notre aide mutuel. Mon interprète avait bien, au début, essayé de son turc légendaire, mais sans succès. Quant à mes autres compagnons, l'ignorance de la langue les réduisait totalement au rôle de comparses muets. Je me bornai à les présenter en énonçant leurs qualités respectives, et ce fut tout.

Forcément l'entretien languit quelque peu. Ce ne sont pas, en général, les banalités qui l'animent, et, avec les Orientaux, il est cependant impossible de s'en affranchir trop promptement. J'ai vu des gens, pressés de conclure une affaire urgente, dépenser plus d'un quart d'heure à l'échange de vaines formules de politesse, avant d'en venir au but intéressant de leur entrevue.

Pour égayer la situation, des esclaves nous servaient des rafraîchissements, café noir sans sucre, eau sucrée à l'essence de rose. D'autres nous inondaient de cette même essence au naturel, qu'ils nous versaient sur nos mouchoirs, sur nos habits, un peu partout. Dans un coin, je voyais une corbeille de roses du Bengale. C'est

TYPE NÈGRE DE MASCATE.

une fleur assez rare sur la côte arabique. Par une attention délicate, le Sultan en avait fait cueillir dans ses jardins une provision pour me les offrir. Lorsqu'on me les présenta, je ne savais comment les saisir ; la tige en était entièrement coupée, et, malgré mes refus, je fus obligé d'en garder les mains pleines. Durant toute la durée de mon séjour à Mascate, chaque matin j'en reçus un bouquet de ce genre.

Tout en écrasant mes roses et en avalant mes verres d'eau, je continuais à causer. Le Sultan s'informa si la France n'était plus en guerre (1), et si elle continuait à n'avoir pas de roi. Sur le premier point je le rassurai avec force développements. Quant au second, quelles que fussent, à cet égard, mes opinions ou mes sympathies personnelles, le patriotisme me défendait de m'associer au blâme contenu que renfermaient ses paroles ; car d'avance, en me posant cette question, il en connaissait, aussi bien que personne, la réponse. A l'étranger, il n'y a plus d'opinions, plus de préférences ; on est Français, voilà tout. Aussi m'efforcé-je de lui faire comprendre qu'à défaut de roi, nous avions un président dont l'action était la même, et la situation, sous un autre nom, à peu près identique. Il me demanda alors combien celui-ci avait de ministres, s'il pouvait en changer à son gré, et maint détail de ce calibre sur lesquels je glissai, en l'assurant que, quelle que fût la forme de son gouvernement, les choses ne cessaient jamais de fort bien marcher en France, qu'elle était toujours grande et toujours respectée, etc. Hors de chez soi, peu importe la main qui le tienne, il faut quand même sauver ainsi l'honneur du pavillon !

Je parvins à l'attirer sur d'autres terrains où je me sentais plus à l'aise. Le télégraphe était pour Son Altesse un sujet d'admiration sans limite. Ce fut lui qui en aborda spontanément le sujet. Le prince voulut savoir qui l'avait inventé :

— C'est un Français, lui dis-je.

— J'avais cru, répliqua-t-il, que c'était une science des anciens Grecs, perdue, puis retrouvée de nos jours par les Anglais.

Je m'élevai énergiquement contre cette erreur, et, pour le convaincre, je lui nommai Claude Chappe, l'inventeur du télégraphe aérien. Il voulut bien en avoir l'air persuadé, et s'étonna encore davantage que le cerveau d'un homme eût pu enfanter pareille merveille.

A l'encontre de plus d'un de ses prédécesseurs, l'iman de Mascate a la réputation d'être bon. Il paraît intelligent. Les traits de son brun visage sont fins et réguliers. Son regard, qu'il tient habituellement baissé, dès qu'il le lève, s'anime et se marie agréablement au sourire un peu mélancolique qu'il a volontiers sur les lèvres. Il est vêtu sans faste, sans apparat, comme le dernier de ses officiers. Pas d'ornement exceptionnel qui rehausse son costume. Pas même une arme. D'ailleurs, il appartient à une lignée sacerdotale. Au caractère royal et guerrier il joint, comme ses ancê-

(1) Le voyage de M. de Rivoyre eut lieu quelques années après la guerre de 1870-1871. (C. S.)

tres, celui du prêtre, de l'iman, d'où le nom que l'Europe lui donne. Il est de la race du Prophète, et le mot de *Seyd*, de *Saint*, qui précède son nom, *Seyd-Turqui*, en est le témoignage.

J'attendais qu'il me donnât le signal du congé. Pas du tout! C'était lui qui se pliait à ma convenance. Il m'eût gardé autant que j'eusse tenu à rester. A la fin, je me levai. Il me tendit la main en me renouvelant ses assurances de bon vouloir ; je n'avais qu'à parler. Puis, après avoir été couvert encore une fois d'essence de rose, j'enfilai la porte. A la descente, même cérémonie qu'à la montée. Je marchais le premier, et voilà que, dans la cour, j'allais tout droit devant moi, oubliant carrément de faire un dernier salamalec. Les courtisans me rappelèrent; je violais l'étiquette, et je dus m'arrêter pour donner au Sultan le temps de dégringoler son interminable escalier. Comme à l'arrivée, il se campa au milieu des siens, me serra les mains avec effusion et, sans un pas de plus, par exemple, me laissa franchir tout seul la haie de soldats qui se prolongeait jusqu'à la porte.

Au moment où je m'embarquais, Rustanjee courut à moi pour me dire que Son Altesse, ravie de ma démarche, désirait me revoir encore, qu'elle rentrait à Mascate deux jours après, et que de là elle viendrait, à son tour, me rendre visite à bord. Je remerciai, et protestai du plaisir que j'aurais à le recevoir.

Je regagnai le *Séverin* à temps pour aller déjeuner chez les Anglais. Dans l'après-midi, un soldat m'apporta, de la part du Sultan, un présent de fruits, de moutons et de boîtes d'une confiserie indigène qui, sous le nom de *hallaouah* de Mascate, jouit dans cette partie de l'Orient, jusqu'aux Indes, d'une renommée universelle. C'est le plus indéfinissable mélange de suif, de miel, de roses et de sucre qu'on puisse imaginer. J'en fus abondamment fourni, et j'en expédiai en France des échantillons à plus d'un ami. Mais la vérité m'oblige à confesser que ce produit de la gastronomie arabe y rencontra une répugnance unanime.

Ce qui me fut plus agréable, c'est que le prince voulait bien m'informer, en même temps, que ses écuries étaient à mes ordres. J'en usai dès le lendemain.

Peu après le lever du soleil, Suleyman, que nous appelions Soliman le Magnifique, faisait, en effet, son apparition à bord et s'exprimait en ces termes :

— Moi avoir bourriqué beaucoup maintenant saïs Sultan. Cheval marcher.

Ce qui signifiait qu'il venait de presser vivement le palefrenier du Sultan, et que les chevaux étaient prêts.

Et c'est pour ce français-là qu'il touchait de la munificence royale un traitement de quinze thalaris par mois !

Le prince ne monte jamais lui-même à cheval, — par raison de santé, prétendent ses courtisans, — par mesure de précaution, insinuent les autres. A cheval, il lui faudrait bien s'éloigner quelque peu de la ville, et, malgré ses soldats, peut-être n'y rentrerait-il pas. L'amour de son peuple le guette au coin de chaque rocher. Aussi juge-t-il plus sûr de vivre constamment à l'ombre protectrice des murs de son palais. S'il le quitte momentanément, c'est par mer, pour se rendre à l'une de ses deux ou trois habitations de plaisance, qui toutes sont situées sur le rivage, et bien gardées lorsqu'il doit y venir. De la sorte, il n'a rien à craindre. Ses

GUERRIERS DE L'ARMÉE DE L'IMAN.

petits steamers marchent mieux que les barques indigènes, et il a du canon à bord.

Toujours au piquet, ses chevaux, qui m'avaient paru, lors de ma première visite, assez mal soignés, ne devaient donc être guère plus maniables. On avait réquisitionné, pour la circonstance, tout ce que la cavalerie de Mascate ou des environs pouvait tenir caché de brides et de selles européennes hors d'usage ou disloquées, et, à force de combinaisons savantes, on était parvenu à harnacher tant bien que mal, dans ce style, jusqu'à trois de nos montures. Il m'en fallait quatre; la dernière fut équipée je ne sais comment. Néanmoins, nous finîmes par partir. Mon interprète et le « docteur », eux, étaient restés naturellement à bord. L'un est mort; quant à l'autre, il peut se vanter d'avoir joliment vu les

LE CHEIK ABDOUL-HASSIZ, NATIF DE WADDI EL MAAOUÏL.
VUE PRISE DU CONSULAT DE FRANCE. — LE FORT DE L'OUEST.

pays que nous traversions! Et quels crânes récits il a dû en faire au retour!

III

Du côté de la terre, Mascate est fermée par une muraille garnie de tours, de distance en distance, qui, partant du pied d'une des montagnes entre lesquelles il est bâti, pour aboutir à l'autre, l'isole totalement ainsi du reste de la vallée. Trois portes y donnent accès. Chacune d'elles est défendue par un poste dont les soldats passent leur temps à jouer, à boire et à fumer. Celle de l'Est nous conduisit d'abord dans un faubourg populeux et animé, où la foule des petits vendeurs de toute sorte était plus nombreuse encore qu'au bazar, où les cafés regorgeaient de monde, où les mendiants et les mouches pullulaient..... ruelles fangeuses, cabanes à demi ruinées. Ce fut au beau milieu de ce chaos que le cheval du capitaine du *Séverin*, peu fait sans doute aux principes d'équitation en usage chez les marins, se débarrassa de son cavalier, qui faillit brusquement pénétrer par-dessus le mur, la tête la première dans un ménage indigène. On eut toutes les peines du monde à rattraper l'indocile animal et à lui réintégrer son propriétaire sur le dos. En se cramponnant instinctivement à la bride, sinon à autre chose, ce dernier le faisait reculer sans cesse malgré lui, au juste effroi des passants et à sa grande colère, si peu équitable qu'elle fût. Pauvre bête, que de coups de talon et de cravache mal justifiés elle reçut ce jour-là!

De toutes parts, si ce n'est dans la direction de la mer, il nous semblait qu'un fouillis de cimes et de pentes rocheuses nous enserrait, sans qu'il nous fût, au delà de quelques pas, possible d'en sortir. A droite, et en remontant vers le nord, s'étendait le prolongement de l'étroite vallée qui seule ouvre une issue vers l'intérieur. C'est par là que passe tout le commerce, tout le va-et-vient des relations qui la relient avec la capitale. Rocailleux et nu dans les environs, le terrain change peu à peu de physionomie ; à mesure qu'on avance, il devient, au bout d'une à deux journées de marche, d'une fertilité merveilleuse. Au désert et à la stérilité succèdent des vallons verdoyants, des collines cultivées, que fécondent les bras d'une population laborieuse et active. Ce sont les jardins et les vergers de l'Oman. C'est de là que la côte tire ses légumes, ses fruits, ces beaux raisins dorés, ces pastèques juteuses, ces mangues succulentes du jour de notre arrivée. Mais c'est là aussi que vivent ces tribus fières et indomptées avec lesquelles leur pauvre souverain ne cesse d'être en lutte. En même temps que nous, par la porte voisine, une troupe de soixante à quatre-vingts hommes quittait précisément Mascate pour aller châtier l'une d'elles, dont les membres venaient tout récemment de répondre à coups de fusil à je ne sais quelle exigence du gouvernement central.

Le sentier que nous suivions nous conduisait dans un autre sens. Nous nous rendions à Sedab, maison de campagne du Sultan et rendez-vous de plaisir des citadins. C'est une oasis verte et rafraîchissante au milieu de cette aridité toute brûlée des environs. Partout des champs couverts d'herbe, et des dattiers à l'ombre desquels s'est groupé un village. Des Shakiés, en mouvement continuel, puisent l'eau dans des puits peu profonds pour l'amener à la surface. De petits ruisseaux courent sous les sillons et entretiennent dans l'atmosphère une bienfaisante fraîcheur, pendant que, çà et là, une échancrure du roc vous montre la mer bleue, à vous mouiller les pieds.

Sedab est à une heure ou deux à peine de Mascate. Pour ouvrir entre les deux points une communication par terre, il a fallu creuser, à la cime de la montagne, un véritable tunnel. Une double porte massive, gardée par des soldats, le ferme, du reste, toutes les nuits, de façon à ajouter cette sécurité de plus à toutes celles qui protègent le repos de la capitale et celui de son maître. Bien que ménagé à un col, ou plutôt un léger affaissement de cette double chaîne ininterrompue de rochers à pic dont les anneaux l'enveloppent en se prolongeant vers le nord, les deux sentiers qui, de chaque côté, descendent, en escaladant la rampe, sont presque verticaux et d'une largeur à peine suffisante pour livrer passage à un cavalier.

La route de Mascate à Matrah, pratiquée en face, dans des conditions identiques, est pourvue, comme celle-ci, d'un ouvrage avancé conçu et exécuté d'après le même système. Mascate est, on le voit, bien défendu.

Pour regagner le port, nous voulûmes traverser des quartiers que nous n'avions pas encore visités. Il nous fallut franchir un petit ruisseau; le lit en était partout à sec, sauf quelques flaques d'eau insignifiantes, garni de pierres et de débris de roc, dont les pointes acérées et saillantes faisaient mal, et semblaient vous entrer dans les pieds rien qu'à les regarder. Involontairement on se rappelait les cailloux cassés des grandes routes que tout intelligent cavalier évite si soigneusement. De loin, nous apercevions cependant des hommes qui, à tour de bras, s'évertuaient à frapper ces rugosités rocailleuses avec quelque chose de blanc que nous ne distinguions pas très bien, mais dont le choc produisait un son analogue à celui du linge mouillé sous le battoir. C'était cela, en effet. En approchant, nous reconnûmes notre propre linge remis la veille aux blanchisseurs indigènes, et qu'on passait, en ce moment même, à cette lessive d'un nouveau genre. Inutile d'insister sur l'état dans lequel il nous fut rendu.

TYPE ARABE DE L'YEMEN A MASCATE.

IV

En rentrant à bord, à la tombée de la nuit, la première chose que j'aperçus fut un individu vêtu d'un costume demi-européen, demi-oriental, coiffé d'un fez, et mon interprète assis près de lui. Décidément celui-ci avait fini par mettre la main sur « son Turc », car ç'en était un, et il s'en donnait à cœur joie. Il l'avait raccolé, en mon absence, dans quelque café indigène du faubourg, et s'était empressé de me l'amener, tout fier de sa trouvaille. J'avais des raisons pour ne pas partager son enthousiasme, et je repoussai tout net la proposition qu'il me fit d'emmener avec nous son nouvel ami. Ils s'en consolèrent l'un et l'autre par un colloque plus prolongé avec une bouteille d'araki avalée à mes dépens, sinon à ma santé; puis je me rendis au dîner du consul anglais.

Toute la colonie européenne de Mascate, permanente ou accidentelle, était là. L'élément stable en était représenté par le vice-consul d'Amérique. L'élément accidentel était plus nombreux. Il comprenait, outre ma personne, l'état-major de l'aviso anglais et un Américain venu sur le clipper que j'ai signalé, pour charger des dattes (1).

C'est là le plus sérieux aliment que fournit le commerce indi-

(1) Les dattes sont la principale nourriture des Bédouins. Les palmiers-dattiers de l'Arabie produisent environ cent trente espèces de dattes. (C. S.)

gène aux transactions de l'extérieur. Bien qu'inférieures à celles de Bassorah, les meilleures du monde, elles n'en sont pas moins recherchées. Il s'en pratique, notamment, une exportation considérable sur la côte orientale d'Afrique. Elles y arrivent sous la forme d'une espèce de pâte où, noyaux et fruits, tout se confond, mais qui, facilement transportable, peut atteindre ainsi les limites extrêmes du désert. Aux États-Unis, dans le sud, les noirs en consomment également de grandes quantités. Quant à l'Angleterre, où cette nouvelle denrée est entrée aujourd'hui, sur une large échelle, dans la nourriture des classes pauvres, celles de la vallée de l'Euphrate y sont préférées.

LE CONSULAT ANGLAIS ET LE FORT DE L'EST.

Il est heureux pour le Sultan qu'en tendant à se développer de plus en plus, ce trafic ouvre de nouveaux horizons aux dispositions mercantiles de ses sujets. Car ses ressources sont bien limitées, et dans les États pauvres, ce sont toujours les revenus à peu près assurés de la douane qui, aux princes comme aux gouvernements, facilitent le mieux la vie au jour le jour dont les expédients permettent encore de faire figure à l'occasion. A Mascate, la ferme en est mise en adjudication, et l'argent ainsi régulièrement perçu demeure strictement affecté à la solde et à l'entretien de l'armée. C'est avec deux associés, Banians comme lui, que, pour le moment, Rustanjee partage ce monopole. Il ne sort pas des mains des marchands de cette nation, aucun natif n'étant assez riche pour entrer en lutte avec eux. D'autre part, cette combinaison est de nature à satisfaire le Sultan, qui, de ce côté, peut compter sur une exactitude de payement qu'il serait loin de rencontrer ailleurs. Il en retire annuellement 500,000 francs. Cette somme répond aux nécessités ordinaires de son budget militaire.

Pour les dépenses extraordinaires, motivées en général par des rebelles à châtier, la méthode est aussi simple que précise, et d'une économie à faire honte aux nations civilisées : c'est toujours la contrée traversée par les soldats qui, sous une forme ou sous une autre, en supporte les frais. Amis ou ennemis, personne n'y échappe guère, et le pillage en perspective n'est pas un des moindres stimulants de la valeur ou de la fidélité des troupes.

Le chiffre officiel en est de mille à douze cents hommes. Il est suffisant, et les considérations budgétaires ne permettent, du reste, pas de le dépasser. Disséminés par groupes de cinquante à cent, sur les points où ils peuvent habituellement résider avec le plus de sécurité, ils se portent rapidement, au premier signal, partout où des troubles subits réclament leur présence.

Il n'y a qu'à Mascate où, pour le service du souverain, ils soient concentrés en plus grand nombre. Mais il n'est pas rare d'en voir détacher accidentellement de petits corps qui vont renforcer une garnison menacée, ou prendre part à quelque mouvement un peu sérieux.

Bien que pourvus de chefs inférieurs spéciaux, ils tombent alternativement sous le commandement supérieur tantôt de l'un, tantôt de l'autre. Car les fonctions publiques, toujours mal définies en Orient, n'y investissent jamais un haut personnage d'un caractère nettement militaire ou exclusivement civil. Suivant le cas, il en est revêtu tour à tour, quelquefois en même temps; et rien ne s'oppose, comme naguère à Constantinople, à ce que le barbier du prince y devienne successivement et juge et général. Personne ne s'en étonne. Mais, quel que soit leur chef, vus avec malveillance par les populations, aux yeux desquelles ils ne sont que des esclaves chargés de les punir ou de les exploiter, ils se considèrent eux-mêmes comme des conquérants à qui appartient le pays vaincu. Ce sont les reîtres du moyen âge. Recrutés un peu partout, excepté dans l'Oman, c'est bien la collection la plus hétéroclite de toutes les physionomies, de tous les costumes. Khurdes de la Perse, montagnards du Beloutchistan, Arabes de l'Yémen ou nègres de l'Afrique, tout cela s'y coudoie, marchant comme il veut, s'habillant comme il l'entend, et s'armant comme il peut. Sans cesse prêts à se soulever, et surtout à refuser l'impôt, l'humeur turbulente de ses fidèles sujets oblige ainsi l'infortuné monarque à vivre entouré de tous ces mercenaires, sans la présence desquels il serait bien vite assassiné.

Avec ses vieux fusils à mèche, à pierre ou à piston, sur l'épaule, ses pistolets rouillés, ses sabres et ses poignards à fourreau d'argent curieusement travaillé, passés dans la ceinture, cette troupe offre à l'œil le spectacle guerrier le plus étrange, et une de ces alliances pittoresques de luxe et de misère, telles que, chez les individus comme pour les choses, l'Orient est seul à même d'en fournir l'exemple. D'une indépendance d'allures peu en harmonie avec nos propres idées sur la discipline, elle n'a de régulier que les exigences d'une solde, faute de laquelle, au moindre retard, tous décamperaient aussitôt, et avec eux le peu qui reste à leur maître de prestige et de tranquillité.

En prévision d'une débandade toujours à craindre, celui-ci garde sous clef, dans un arsenal particulier, un stock d'armes réservées à l'éventualité d'un cas extrême. Je l'appris d'une manière originale.

J'avais fait parvenir au prince, en retour des cadeaux qu'il m'avait adressés après ma visite, des objets de fabrique française que je croyais de nature à lui être agréables : revolvers, tapis, boîte à musique, étoffes, etc. Il m'envoya Suleyman me remercier en son nom. Mais, tout en m'exprimant la satisfaction de Son Altesse, celui-ci me glissa à l'oreille qu'il y avait quelque chose qui lui ferait bien plus de plaisir encore :

— Quoi donc? demandai-je.

— Du sucre d'abord, et ensuite des fusils.

J'avais à bord, en effet, une centaine de caisses d'armes à feu que je destinais, soit à armer mes gens en cas de danger, soit à distribuer en présents aux chefs chez lesquels j'étais appelé à séjourner, soit même à échanger contre des articles indigènes. C'étaient des fusils de munition à piston et des fusils Remington. En furetant à gauche et à droite, Suleyman en avait aperçu dans une cabine, où ils étaient au râtelier. J'en fis apporter deux ou trois des premiers.

— Non, non! pas ceux-là, me dit-il. Le Sultan en a déjà plus de six cents comme ça qu'il garde chez lui.

Et, en lançant ce chiffre merveilleux, il croyait me donner une haute idée de la puissance de Seyd Turqui.

— Il voudrait les autres, continua-t-il.

J'avais jugé mon sauvage incapable d'en établir la différence. Je me trompais grossièrement, comme on voit.

On monta alors des remingtons.

Suleyman ajouta ensuite insidieusement :

— Ceux-là coûtent très cher, n'est-ce pas?

— Très cher, répondis-je.

— Le Sultan voudrait en acheter.

— Très bien. Mais comment les payerait-il?

— Je ne sais pas.

Finalement, la conversation se termina par la remise gracieuse de deux fusils Remington et de quatre cents cartouches à Suleyman pour les porter au prince. Un de mes hommes l'accompagna afin d'en montrer le maniement. Puis, par un comble de munificence auquel il se montra sensible, j'y joignis quatre pains de sucre. L'amertume du café que j'avais pris chez lui me prouvait qu'il ne devait pas, en effet, être largement approvisionné de cette denrée. C'est la cassonnade qui, d'ordinaire, y supplée dans tous ces parages. Elle s'importe des Indes néerlandaises le plus généralement. Le sucre raffiné est une rareté à laquelle les riches seuls se

TYPE ARABE DE MASCATE.

permettent de rêver. Néanmoins, depuis quelques années, il commence à s'en introduire de notables quantités, et nul doute qu'aujourd'hui les relations directes que, depuis mon retour, nous avons été assez heureux pour inaugurer entre Marseille et le golfe Persique, par la ligne française des « Steamers de l'Ouest », n'en augmentent le débit dans des proportions considérables (1).

Un nouvel envoi de fruits et de sucreries était venu, en mon absence, me témoigner à quel point ma libéralité avait touché juste. C'était une avant-garde de la visite royale elle-même.

Le lendemain matin, en effet, au lever du soleil, coups de canon

(1) Le sucre est aujourd'hui, en effet, un des principaux produits importés en Arabie. (C. S.)

du haut des forts, bateaux pavoisés dans la rade. C'était le Sultan qui regagnait sa résidence habituelle. Je n'eus que le temps de monter sur le pont pour voir son petit vapeur accoster, à quelques encablures du mien. Peu d'instants après, Rustanjee me demandait, de sa part, si dans l'après-midi je serais en état de le recevoir. Il s'informait, en outre, si je possédais à mon bord un pavillon à ses couleurs. J'avouai mon dénuement, et comme c'est une formalité d'étiquette à laquelle Son Altesse tient rigoureusement, elle me faisait parvenir, quelques heures avant sa visite, son propre pavillon, pour qu'il fût hissé au grand mât du *Séverin*.

LE PALAIS DU SULTAN.

Au moment convenu, il arrivait suivi de Suleyman et de Rustanjee. Deux de ses plus hauts fonctionnaires l'accompagnaient, les gouverneurs de Mascate et de Matrah. Un serviteur portait à la main, derrière lui, son sabre de cérémonie, superbe lame persane renfermée dans un fourreau tout garni d'argent. Les princes d'Orient se font ainsi toujours suivre d'un écuyer chargé de leurs armes. Ils ne s'en revêtent eux-mêmes que pour combattre.

L'entrevue ne fut pas bien longue : force verres d'orgeat et de sirop entremêlés d'un dialogue insignifiant, voilà tout. Néanmoins, Son Altesse daigna s'égayer comme un vulgaire mécréant des refus réitérés de Rustanjee, chaque fois que notre maître d'hôtel lui présentait le plateau des rafraîchissements.

— Banian! Banian! répétait-elle avec un demi-sourire dédaigneux, en voyant celui-ci repousser de la main les verres remplis d'un liquide qu'il n'avait pas puisé lui-même...

Mes égards l'avaient rempli d'aise. L'équipage au complet était sur pied. Tous les pavillons de signaux avaient été mis en réquisition pour en tapisser le pont. En haut de l'échelle, les honneurs militaires lui avaient été rendus. En me quittant, il me réitéra ses assurances de bon vouloir, et mit un de ses officiers à mes ordres pour me faire visiter les forts. C'est une faveur dont il n'est pas prodigue. Je l'en remerciai comme il convenait, et sans plus attendre nous nous mîmes en mesure d'en profiter sur-le champ.

V

Tel qu'il est, Mascate a dû être, et pourrait être encore une des places maritimes les plus fortes du monde (1). De loin, l'aspect continue à en être imposant. De près, des décombres, des effondrements journaliers. Mais, au point de vue de l'archéologie militaire, une description sommaire des ouvrages restés debout n'est peut-être pas dépourvue d'intérêt.

D'abord, à la pointe du rocher appelé l'île Mascate, qui forme, à l'est, le bras de la rade au fond de laquelle se découvre la ville, un fort et une batterie à fleur de terre contenant encore quelques canons rouillés, l'un et l'autre totalement en ruine; puis, au sommet, une tour en très mauvais état.

En continuant dans le même sens, le fort Djillali, ou fort de l'Est. Situé sur l'arête d'un petit mont détaché que relie à Mascate un isthme de sable couvert à marée basse, il défend la place, non-seulement du côté du port, mais encore du côté de la pleine mer. C'est un fort quadrangulaire, flanqué aux quatre extrémités de tours circulaires, et à deux rangs d'embrasures casematées, seize sur chaque face. On y parvient par un bel escalier taillé dans le roc.

Avec le fort Merani, dont je vais parler, celui-là est un des mieux conservés, et cependant c'est presque une ruine.

Le fort Merani, ou fort de l'Ouest, occupe, de l'autre côté de la ville, une situation à peu près symétrique, à cheval sur l'angle formé par les hauteurs qui dominent la rive ouest de la baie. D'une cinquantaine de mètres d'élévation, ces hauteurs se bifurquent en cet endroit pour suivre deux directions à peu près perpendiculaires entre elles.

Cette disposition du terrain ménage au fort un double objectif :

(1) Mascate renferme environ 30,000 habitants, et tout le sultanat de l'Oman en a approximativement 300,000. La température de la ville est torride, mais dans les montagnes voisines existe le sanatorium de Rostak. (C. S.)

d'abord, la ville elle-même, et la plaine qui s'étend au delà, commandées l'une et l'autre par la face sud; ensuite, le port, battu par la face nord, dont les feux pourraient en même temps croiser ceux de Djillali.

De beaucoup le plus important de tous, et d'une construction assez solide pour avoir défié le temps, le fort Merani offre un spécimen curieux et complet de l'art de la fortification au seizième siècle. Une batterie à fleur d'eau, en forme de lunette, y donne accès par un escalier creusé dans le roc, aboutissant à une poterne. C'est là, à mi-hauteur de la falaise, que les constructions commencent réellement pour aller finir à la crête qu'il couronne. Quatre grosses tours rondes se détachent en étages successifs. La dernière, celle du sommet, domine toute la place.

Au bas des rochers sur lesquels est bâtie la face sud, presque au bord de la mer, au-dessus d'une petite crique servant au halage et au radoubage des bateaux, s'ouvre la porte extérieure du fort. En avant, à découvert, quatre pièces de canon la défendent.

Ce fut par là que nous entrâmes. Derrière les deux battants massifs, de chaque côté du passage, des bancs de pierre sont adossés à la muraille. Au-dessus pendent, accrochées comme on veut, les armes du poste. Cinq ou six déguenillés, accroupis ou jouant aux dames, lorsqu'ils ne font pas leurs prières, le composent. L'un d'eux se joint à notre introducteur pour nous servir de guide. Un large escalier voûté, très raide, nous conduit à une petite place d'armes au fond de laquelle est pratiquée, au pied d'une des tours, la porte intérieure du fort.

Cette place d'armes renferme quatre canons en embrasure, datant, comme le reste, des Portugais. Ils sont rongés de rouille, et l'on y distingue vaguement encore le tracé du monogramme royal. Sur le mieux conservé se lit le millésime de 1606, et au-dessus de la porte, celui de 1588. Ce dernier est encadré dans une inscription en langue portugaise qui relate l'histoire de l'érection du monument et le nom du gouverneur auquel il est dû.

La tour met en communication toutes les parties du fort, et touche à une terrasse supérieure du haut de laquelle aucun détail n'échappe. La vue y embrasse la ville et la plaine de Mascate, le port, la haute mer, et s'étend jusqu'aux limites de l'horizon. A l'une des extrémités s'élève en rotonde un petit bâtiment, visible de deux milles au large. C'est l'ancienne chapelle portugaise avec un portail orné de colonnettes, et une seconde inscription qui en rappelle le caractère.

Bâtis dans des conditions de solidité exceptionnelles, de cailloux enchâssés dans des lits de ciment, les murs atteignent, en certains endroits, jusqu'à 1m,30 et 2 mètres d'épaisseur. Sans cela, ils n'eussent pu aussi bien résister à l'action doublement dissolvante du soleil de ce climat et de l'incurie des indigènes. Pour le moment, c'est le refuge le plus ordinaire des lapins et des chèvres, dont l'élevage charme les loisirs de la garnison. Peu chargé durant le jour, ce n'est guère qu'à la nuit que commence en quelque sorte le service. Mais alors, jusqu'au matin, sans interruption, c'est un échange de versets du Coran, hurlés d'une voix nasillarde par les sentinelles qui se renvoient d'un fort à l'autre ces bizarres cris d'appel. Le bruit en est si strident que, malgré la distance, pendant les deux ou trois premières nuits, avant de nous y être habitués, il nous empêchait absolument de fermer l'œil à bord du *Séverin*.

La défense de la rade se complète d'un troisième ouvrage, plus rapproché de l'entrée, qui comprend une batterie circulaire à deux étages, tout à fait en ruine, et plus loin, perchée à cent vingt mètres de haut sur le roc, d'une grosse tour en assez bon état.

Du fort Merani nous plongions dans les intérieurs des bourgeois de Mascate, et jouissions d'un spectacle inconnu à ceux qui ne peuvent s'élever jusqu'à ces hauteurs. Nous voyions les femmes aller et venir sur les terrasses de leurs maisons, se livrer aux travaux du ménage, ou s'abandonner aux douceurs du kief. C'était un coin du rideau qui voile aux yeux de l'étranger la vie et les mœurs féminines de l'Orient, soulevé, pour un instant, en faveur de notre curiosité.

De la grosse tour, c'est un autre point de vue. A cheval sur la crête de la chaîne rocheuse qui sépare les deux baies de Mascate et de Matrah, elle domine à la fois l'une et l'autre.

L'animation à cette heure y est considérable. Des bateaux les sillonnent en tous sens. Ils sont chargés de monde. La plupart se dirigent sur Matrah, où, après être venus aux comptoirs de la cité s'occuper de leurs affaires dans la journée, les négociants rentrent le soir, pour retrouver la paix et le repos de la famille. Le matin, de bonne heure, on les voit en revanche revenir à Mascate chargés à couler. Les rameurs battent l'eau en cadence, et un chant monotone scande leur allure. Tout se fait en mesure et sur un rythme uniforme en Orient. Mais que de couleur dans ces notes étranges échappées de la foule, dans cette bigarrure de costumes et de races, dans ces tons chauds de l'ensemble!... Et tout cela si bien en harmonie avec le ciel, avec les eaux, avec les montagnes qui lui servent de cadre! Et puis, plus près, dans le port même, tous ces pêcheurs (1) à demi nus dans leurs périssoires, se jouant sur les flots; ces amas de poissons de toute grandeur, de toute espèce, dont, pour quelques centimes, ils jettent à vos

(1) La pêche, surtout celle des perles dans le golfe Persique, est une des plus sûres ressources du gouvernement omanite. (C. S.)

pieds de quoi alimenter toute une table!... ces plongeurs sans rivaux qui, à trente pieds sous l'eau, vont ramasser la pièce de monnaie que vous leur jetez!

Je ne pouvais me rassasier les yeux de cette scène mouvementée dont chacun des détails se répétait chaque jour avec le même cachet d'originalité et de pittoresque, et que je vois revivre encore dans ma pensée, aussi fidèle que sous les rayons de ce limpide azur qui ne s'oublie jamais.

TYPE HINDOU (BANIAN) DE MASCATE.

Tous les matins, je continuais à recevoir, de la part du Sultan, des fleurs, des fruits et de ce fameux hallaouah dont, à défaut de mieux, se régalait l'équipage. En retour de mes fusils, il m'avait offert un échantillon très curieux et remarquable de l'industrie locale, un khandjiar ou poignard recourbé. Le fourreau, tout en filigrane d'or et d'argent, était une merveille de finesse et de travail. Sans doute, avant de m'écraser sous ce déluge de prévenances, il avait pris le mot d'ordre auprès du consul d'Angleterre: car c'est bien celui-là, en réalité, le véritable maître de Mascate, ainsi que ne se gênait pas pour me le dire, sans qu'il s'en défendît trop, en sa propre présence, un des officiers du stationnaire.

VI

Suleyman s'était, en quelque sorte, intronisé lui-même l'homme de confiance et le drogman du *Séverin*. A ce titre, il y était comme chez lui, et mon propre interprète à moi le traitait sur un pied de confraternité où le Turc cédait momentanément le pas à l'Arabe, il est vrai, mais où il récoltait d'autres profits. Un jour que j'étais absent du bord, je revins inopinément. Des éclats de rire et un bruit joyeux de verres montaient de la salle à manger, d'en bas, sur le pont. J'y descendis doucement, et je trouvai mes deux gaillards attablés, sablant mon cognac et mon champagne, à la plus grande gloire d'Allah et du Prophète.

Il était temps de quitter Mascate. Je profitai de l'occasion pour envoyer Suleyman demander à son maître une audience de congé, et dans la journée j'allai faire mes adieux aux deux maisons hospitalières qui m'avaient ouvert leur porte. Le lendemain matin, j'étais reçu par le Sultan. Cette fois c'était à son palais même de Mascate. La salle du trône où je fus introduit occupait la façade presque entière du bâtiment vers la mer. Sur le plancher, un immense tapis persan. Aux murs, malgré le Coran, qui proscrit toute reproduction de la figure humaine, les portraits de la reine Victoria, du prince de Galles et du schah de Perse.

L'entrevue fut courte; le caractère en était tout intime, et s'il y eut bien les inévitables verres d'eau à l'essence de rose et les salamalecs obligés, on m'épargna du moins l'encombrement des soldats et de la cour en appareil de gala. Seuls, deux personnages accompagnaient le prince, et ses serviteurs particuliers m'attendaient sur les marches de l'escalier pour tendre la main aux gratifications accoutumées. L'intérieur du palais ne présentait pas de caractère beaucoup plus saillant que la maison de Matrah. Une large galerie régnant tout autour d'une vaste cour carrée, un petit bassin au milieu, un escalier raide, des portes basses; c'était toujours la même distribution qui se retrouve dans chaque habitation orientale.

Après que le Sultan m'eut réédité toutes ses offres de service et l'expression du plaisir qu'il avait eu à me voir, que j'eus répété tous mes remerciements et autres protestations, nous nous séparâmes. Une heure plus tard, le *Séverin* quittait Mascate (1).

(1) Mascate, par sa situation à la pointe avancée de l'Arabie, entre le golfe Persique et la mer des Indes, est une grande place de commerce.

Les importations (riz, sucre, tafia, cotonnades, métaux) y sont d'environ 30 millions de francs par an. Les exportations (dattes, poissons, tapis) sont seulement de 6 à 7 millions. (C. S.)

VII

A un mille, au plus, de Mascate, nous retrouvons la houle, toujours cette houle, immense, implacable. C'est comme l'enlacement d'un serpent colossal. Nul ne peut se la figurer, s'il ne l'a subie.

A mesure que nous approchons de la côte persane, l'étreinte s'en affaiblit, il est vrai, et les replis en diminuent. Nous voguons vers Bender-Abbas. Dès le lendemain, nous reconnaissons plusieurs îles importantes, celle de Larex et celle d'Ormuz, entre autres. Le *Séverin* les longe à en détailler la rive. La première, longue et sablonneuse, nous montre les ruines d'une ville qui a pu, jadis, offrir son intérêt, mais dont les murailles écroulées abritent à peine, aujourd'hui, soixante à quatre-vingts pêcheurs.

La seconde a joué un rôle dans l'histoire. Elle a donné son nom au détroit qui tient les clefs du golfe Persique. Elle se divise en deux parties bien distinctes : l'une très montagneuse, où se détachent des pics entiers de sel gemme, dont les tons blanchâtres tranchent sur l'uniformité un peu terne du reste des terres, et dont l'exploitation constitue une source de revenus pour la Perse, à qui elle appartient actuellement ; l'autre, plate et basse, en face de la terre ferme, où s'élève la vieille forteresse qui fut longtemps la place d'armes des Portugais dans ces parages, le fort d'Ormuz.

En nous éloignant, nous côtoyons la grande île de Taouilah, qu'un étroit chenal sépare à peine du continent. Les bateaux indigènes le parcourent impunément ; mais il est semé de récifs et de bancs qui en rendraient la navigation périlleuse pour des bâtiments de quelque tirant d'eau. Elle est très peuplée ; l'intérieur en est très cultivé, et, sur les bords, aux deux extrémités ouest et est. s'étendent les deux villes de Chousa et de Chem. De nombreuses embarcations de pêcheurs ou de trafiquants sont mouillées tout auprès. Nous passons, et un peu plus tard, quarante-huit heures après avoir quitté Mascate, nous voilà devant Bender-Abbas.

C'est une place importante, dont le renom commercial s'étend au loin. Elle est la tête d'un mouvement considérable avec l'intérieur. Bien des gros navires qui n'osent pas s'aventurer dans le golfe Persique s'arrêtent là. Elle s'allonge le long de la plage, au fond d'une dépression de la côte dont la nudité aride l'enveloppe de toutes parts. Point d'autre verdure que celle de quelques dattiers, à la tête inclinée, çà et là, au-dessus des maisons, et un peu plus loin, celle de deux ou trois petites oasis qui semblent autant d'îlots à demi engloutis par cet océan de sable.

Du large, les arcades de deux édifices, qu'on me dit être le palais du gouverneur et la douane, tranchent sur l'ensemble peu pittoresque des terrasses et des murs jaunâtres. Au delà, assez loin même, comme un fond de tableau, se dresse une haute montagne dénudée. C'est le commencement de cette chaîne qui se prolonge, avec des fluctuations diverses, jusqu'au Kharoun.

***

Le lendemain, nous allions repartir ; mais de toutes parts s'avançaient des embarcations chargées de monde qui poussaient vers le *Séverin*. On avait appris, dans la ville, à quelle nationalité il appartenait, et la curiosité de chacun s'en trouvait excitée. Négociants et badauds, fonctionnaires même, tous voulaient le voir; au bout d'une heure, notre pont était envahi. Je me rappelle, dans la foule, un grand dadais d'Indien à demi européanisé, et vêtu d'un costume à prétention, moitié jaquette anglaise, moitié pagne indigène. Il affectait des airs de supériorité, et jouait avec une badine à pomme dorée qu'il vous mettait volontiers sous le nez. C'était un dignitaire, le « post-master », c'est-à-dire l'employé que la poste anglaise entretient à Bender-Abbas pour le service des dépêches, réservé, sur cette côte, à la *British India*. C'est une compagnie maritime puissante, dont le réseau, depuis Londres, embrasse les Indes, le golfe Persique et Zanzibar. Ses navires sont bien aménagés, et, quant à la courtoisie de ses officiers, je n'ai jamais eu qu'à m'en louer, pour mon compte. Les équipages des lignes secondaires qui partent de Bombay, telles que celle du golfe Persique, se recrutent exclusivement parmi les Indiens. Seulement, me disait un de leurs capitaines, en raison de la faiblesse physique de ces hommes, il en faut toujours deux, là où un seul Européen suffirait. Il est vrai qu'ils sont payés en conséquence. En quittant Bender-Abbas, nous franchissons le détroit d'Ormuz et pénétrons dans le golfe Persique.

Denis DE RIVOYRE.

TYPE SOMALI DE MASCATE.

www.ingramcontent.com/pod-product-compliance
Ingram Content Group UK Ltd.
Pitfield, Milton Keynes, MK11 3LW, UK
UKHW012125240726
13965UKWH00005B/1986